LETTRES APOSTOLIQUES

DE SA SAINTETÉ LE PAPE PIE IX,

Qui mettent au nombre des Bienheureux

LE SERVITEUR DE DIEU PIERRE CLAVER,

De la Compagnie de Jésus,

SUIVIES

D'UN TRIDUUM DE MÉDITATIONS ET DE PRIÈRES,
ET D'UN CANTIQUE EN SON HONNEUR.

VANNES,

LIBRAIRIE DE LA MAISON DE LAMARZELLE.

—

1852.

LETTRES APOSTOLIQUES

DE SA SAINTETÉ LE PAPE PIE IX,

Qui mettent au nombre des Bienheureux

LE SERVITEUR DE DIEU PIERRE CLAVER,

De la Compagnie de Jésus,

SUIVIES

D'UN TRIDUUM DE MÉDITATIONS ET DE PRIÈRES,
ET D'UN CANTIQUE EN SON HONNEUR.

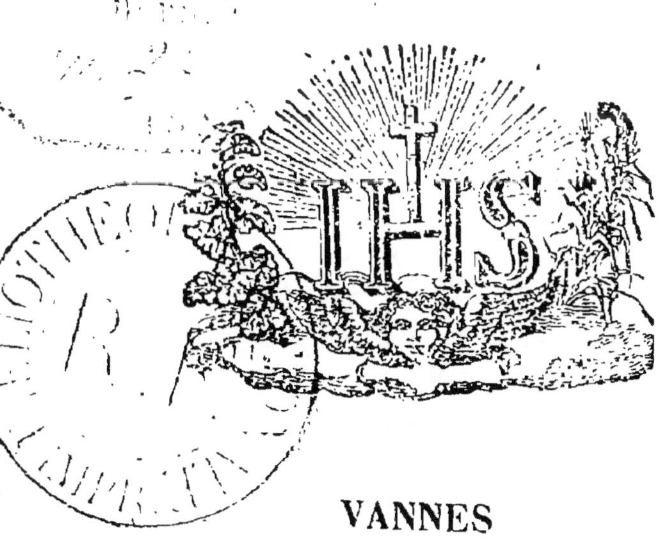

VANNES

IMPRIMERIE DE GUSTAVE DE LAMARZELLE.

1852.

LETTRES APOSTOLIQUES

DE SA SAINTETÉ LE PAPE PIE IX.

PIE IX, PAPE,

POUR QUE LA MÉMOIRE EN SOIT ÉTERNELLE.

L'essence de la charité chrétienne, la force qui la distingue, c'est de pousser les cœurs qu'elle enflamme aux entreprises les plus ardues et les plus difficiles pour la gloire de Dieu, pour le bien spirituel et corporel du prochain, en leur communiquant une énergie extraordinaire et vraiment supérieure à la nature mortelle. C'est là ce qui paraît manifestement dans toute la suite des âges, depuis les premiers prédicateurs de l'Évangile, chez tous les hommes remarquables par leur sainteté, ces généreux ouvriers que le divin Père de famille n'a jamais cessé d'envoyer dans sa moisson. Embrasés du feu de la charité chrétienne, ils ont accompli tant et de si grandes choses , ils ont rendu de si éclatants services dans tous les rangs de la famille humaine, que la trompeuse et vaine philosophie de notre temps , cette ennemie de la Croix du Christ , ne peut, sans encourir une confusion certaine, entrer en parallèle avec ces héros, ni oser se vanter de produire de telles œuvres et une pareille bienfaisance. Or, entre les hommes héroïques, animés de l'esprit des Apôtres, que l'on a vu, depuis la découverte des Indes-Occidentales , défricher sans relâche ce nouveau champ ouvert à leur zèle, civiliser et gagner à Jésus-Christ les peuplades sauvages de ces contrées et y laisser des marques si profondes et si glorieuses de charité chrétienne , se fait remarquer, à juste titre, le vénérable serviteur de Dieu , Pierre Claver, prêtre profès de la Compagnie de Jésus. Né à Verdú (1), ville de Catalogne, dans le diocèse de Salsona, sur le territoire de l'Espagne tarragonaise, il était à peine âgé de dix-sept ans lorsque, pour se consacrer plus étroitement à Dieu , il demanda à

(1) En 1582.

entrer dans la Compagnie de Jésus (1). Il fut admis, et après son noviciat, il se rendit à Majorque pour y étudier les lettres et la philosophie. Il y trouva le bienheureux Alphonse Rodriguez, frère coadjuteur de la Compagnie, dans l'intimité duquel il apprit à quel grave ministère et à quels travaux il était divinement appelé (2). Et en effet, l'an 1610, par la vo-

(1) Il avait fait ses études avec succès dans le collége des Jésuites de Barcelonne. Avant d'entrer dans la Compagnie, il reçut les grades académiques dans l'université de cette ville, et de la main de l'évêque, la tonsure et les ordres mineurs.

(2) Le Frère Alphonse Rodriguez a été béatifié le 5 juin 1825, par le pape Léon XII. Le B. Claver conserva toute sa vie pour ce saint Frère une piété filiale pleine de tendresse et de vénération. Quand il écrivit la formule de sa profession religieuse, il mit en tête, après l'invocation des noms de Jésus et de Marie, de saint Ignace et de saint Pierre, ces paroles : *Mon Alphonse, et vous, Patrons de mes chers Nègres, écoutez-moi !* Avant de mourir il eut la consolation d'apprendre que le procès de la béatification de son vénérable ami était commencé.

lonté de Dieu et par les ordres de ses supérieurs, il partit pour le royaume de la Nouvelle-Grenade, dans l'Amérique du Sud, où il fut revêtu du sacerdoce et où il termina ses études théologiques. Dès cette époque il existait à Carthagène, sur la mer des Antilles, un comptoir où les marchands, publiquement voués à l'infâme commerce de la traite, conduisaient chaque année comme un vil bétail, pour les y vendre au plus offrant, dix ou douze mille pauvres esclaves, enlevés principalement sur les côtes d'Afrique. Touché de compassion pour ces infortunés, le vénérable Pierre, leur dévouant son existence et se consacrant à eux par un vœu spécial, travailla continuellement pendant plus de quarante années, soutenu par un invincible courage, au milieu de difficultés et de privations inouïes, à les instruire et à les baptiser (1). Aussi, seul avec sa charité,

(1) Le V. P. Alphonse de Sandoval, qui avait entrepris cette mission avec succès, eut le P. Claver d'abord pour compagnon, et un an après pour successeur.

gagna-t-il au Christ et à l'Eglise une si grande multitude de Noirs, qu'on en porte le nombre à plusieurs centaines de mille (1). Et il ne bornait pas ses soins à répandre la vraie religion dans les âmes, il s'occupait aussi des besoins corporels. Comment sa piété aurait-elle pu se défendre d'entourer de sa sollicitude, ces malheureuses créatures, exténuées par la plus horrible misère? A la nouvelle de chaque débarquement, il accourait, il serrait dans ses bras ces hommes naguère libres, maintenant réduits par la violence à la plus cruelle servitude; il s'empressait de leur procurer, autant qu'il le pouvait, les secours indispensables. A ceux qui étaient nus, il donnait des vêtements; à ceux qui avaient faim, de la nourriture; aux malades, des remèdes (2); et lorsque, parmi

(1) On a évalué à plus de trois cent mille le nombre des infidèles qu'il a baptisés de sa main.

(2) Pour se procurer tous ces objets, Claver devait les quêter dans la ville, redisant de porte en porte : *Donnez-moi quelque chose, s'il vous plaît, pour gagner à Dieu mes pauvres Noirs.*

ces derniers, il s'en trouvait d'atteints de la peste (1), c'est à ceux-là qu'il s'attachait de préférence, sans aucun souci de lui-même. Plus il sentait, au milieu de tant de miasmes et d'ordures, de répugnances et de dégoûts, plus il redoublait les efforts d'une charité toujours victorieuse (2). Et comme si c'eût été de petits travaux que ces soins assidus prodigués aux Noirs, il venait encore en aide aux habitants de

(1) Une foule de maladies inconnues en Europe sont endémiques parmi eux : une espèce de chancre appelé *laonda*, qui attaque surtout la bouche, la lèpre, etc.

(2) Une fois son courage défaillit à la vue d'un Nègre, hideusement ulcéré. Pour se punir de sa lâcheté, Claver va se donner une rude discipline, durant laquelle on l'entend gourmander ainsi son corps *Ah! tu regimbes! tu me la payeras!* De là il retourne à son malade, l'embrasse, panse et baise ses plaies fait mieux encore, aspire tout le venin qu'elles renferment... Puis il le confesse et le laisse rempli de consolations. C'est cette force d'âme, dit la légende de son office, qui fut récompensée du don des miracles.

Carthagène et aux étrangers qui y faisaient quelque séjour (1). Il rappelait à des mœurs honnêtes et à la tempérance ceux qui menaient une vie licencieuse ; il s'appliquait à ramener les hérétiques à la vraie foi (2), à faire passer les mahométans de la servitude de leur superstition dans la sainte liberté du Christ.

Après tant de fatigues, bien avant prolongées dans la nuit, il ne donnait au sommeil que la plus petite part de ce qui en restait encore, et consacrait l'autre à honorer et à prier Dieu, la vierge Marie, sa mère, les anges et les saints. La charité divine qui le consumait était telle, qu'au milieu de ses occupations il paraissait toujours ravi en Dieu. Autant il était doux et affable envers les autres hommes, les simples surtout, autant il était dur et sévère envers lui-même, ajoutant à tant de veilles et à tant de travaux des mortifications continuelles, en

(1) Par ses soins l'hôpital de Saint-Lazare, fut agrandi, assaini, et fit reconstruire son église.

(2) On nomme entr'autres le grand Archidiacre de Londres, qu'il convertit en 1629.

homme accoutumé dès l'enfance à réduire son corps en servitude par le plus austère genre de vie.

Plein des mérites de tant de vertus et principalement de tant d'œuvres excellentes de charité, le vénérable serviteur de Dieu fit à Carthagène une mort digne d'une si sainte vie, le quatrième jour des ides de septembre de l'année 1654 (1). La renommée de sa sainteté s'étant répandue au loin, la cause fut déférée à nos vénérables frères les cardinaux de la sainte Eglise romaine de la Congrégation des Rites sacrés, et le procès de ses vertus ayant été instruit avec soin, Benoît XIV, notre prédécesseur de glorieuse mémoire, après avoir adressé à Dieu de ferventes prières, déclara leur héroïsme par un décret publié le 8 des calendes d'octobre de l'année 1747. Ensuite, devant Nous, appelé, malgré notre indignité, au gouvernement de l'Eglise, deux des mi-

(1) C'est-à-dire le 8 septembre, jour de la Nativité de la sainte Vierge. Le 6, après avoir prédit sa mort pour ce jour-là, il s'était fait porter à l'église, afin d'y recevoir le viatique. Le 7, il avait reçu l'extrême-onction.

racles attribués aux prières du vénérable Pierre ayant été prouvés, de l'avis des consulteurs et d'après le jugement des Cardinaux préposés aux Rites sacrés, Nous en avons confirmé la vérité par un décret en date du 4 des calendes du mois de septembre de l'année 1848 (1). Enfin, assemblés en Notre présence, la veille des ides de mai de la présente année, les Cardinaux de la même Congrégation ont déclaré à l'unanimité, les suffrages des consulteurs étant recueillis, que Nous pouvions, quand bon Nous semblerait, mettre le susdit serviteur de Dieu au rang des bienheureux, et accorder tous les indults, en attendant que sa canonisation solennelle fût célébrée. C'est pourquoi, à la prière de toute la Société de Jésus, du conseil et de l'assentiment de la même Congrégation des Cardinaux — de Notre autorité apostolique et par

(1) La légende de l'office du Bienheureux dit : « Que, de son vivant, il a rendu subitement la santé à plusieurs malades dont les médecins désespéraient, la vue à beaucoup d'aveugles, et la vie à trois morts. » Elle ajoute qu'après sa mort d'éclatants miracles ont été accordés à son intercession.

la teneur des présentes, — Nous permettons que le même serviteur de Dieu, Pierre Claver, prêtre profès de la Société de Jésus, soit à l'avenir appelé du nom de bienheureux ; que son corps et ses reliques soient exposés publiquement à la vénération des fidèles ; sans qu'on puisse pourtant les porter dans des processions publiques. Nous permettons en outre, de Notre même autorité apostolique, de réciter tous les ans l'office et la messe du commun des confesseurs non pontifes, avec les oraisons (1) propres approuvées par Nous, conformément aux rubriques du Missel et du Bréviaire romains. Nous n'accordons la récitation de cet office qu'à la ville et au diocèse de Carthagène, ainsi qu'à toutes les églises où la Société de Jésus se trouve établie, pour être fait le 9 septembre par tous les fidèles, tant séculiers que réguliers qui sont tenus aux heures canoniques ; quant aux messes, Nous permettons de les dire pour tous les prêtres qui célébreront dans les églises où l'on fera la fête. Enfin, Nous permettons que dans

(1) Voir l'Oraison du Bienheureux, p. 34.

l'année à dater des présentes lettres, la solennité de la béatification du serviteur de Dieu, Pierre Claver, soit célébrée pour la première fois dans les églises du diocèse et de la Société mentionnés ci-dessus, avec l'office et les messes du rit double-majeur; ce que Nous ordonnons de faire au jour que les supérieurs ordinaires prescriront, et après que la même solennité aura eu lieu dans la basilique Vaticane, Nonobstant les constitutions, ordonnances apostoliques, décrets sur le non-culte et toutes autres choses contraires. Et voulons que les exemplaires des présentes lettres, même imprimés, pourvu qu'ils soient signés de la main du secrétaire de la susdite congrégation, et qu'ils soient munis du sceau de son préfet, soient reçus avec la même foi, même dans l'ordre judiciaire, qu'on aurait envers les présentes lettres, témoignage de Notre volonté, étant exhibées. Donné à Rome, près Saint-Pierre, sous l'anneau du Pêcheur, le 16 du mois de juillet 1850, cinquième année de Notre Pontificat.

A. Card. LAMBRUSCHINI. »

Place + du sceau.

TRIDUUM

DE MÉDITATIONS ET DE PRIÈRES

EN L'HONNEUR

DU BIENHEUREUX PIERRE CLAVER.

MÉDITATIONS

POUR CHACUN DES JOURS DU TRIDUUM.

1er JOUR.

LE B. CLAVER MODÈLE D'AMOUR POUR DIEU.

1. L'amour se prouve par les services rendus à la personne aimée. D'après cette règle sûre, voyons quel fut l'amour de Claver pour son Dieu. Sa vie, de soixante et douze ans, fut tout entière consacrée à le servir. Conservé pur dans un collége de la Compagnie de Jésus, il n'en sortit que pour entrer dans la cléricature, et de là dans la vie religieuse. Pour

Dieu, il quitta le monde, ses études dans les-
quelles il excellait, sa famille qu'il n'informa
pas de son départ pour les Indes, sa patrie
qu'il échangea pour un climat brûlant. Pour
Dieu, il se dévoua non-seulement à la pauvre-
té, à la chasteté, à l'obéissance, mais encore
à être à jamais l'esclave des esclaves. Pour
Dieu, il embrassa toutes les privations, toutes
les fatigues de l'apostolat le plus obscur et le
plus ingrat. Pour Dieu, il ne cessa d'ajouter à
tous ses travaux les austérités d'une mortification effrayante. « Une bonne partie de ses
« nuits était consacrée, nous dit le souverain
« Pontife, à honorer et à prier Dieu, la vierge
« Marie sa mère, les anges et les saints. La
« charité divine qui le consumait était telle
« qu'au milieu de ses occupations, il parais-
« sait ravi en Dieu. »

Faisons un retour sur nous-mêmes. Notre
amour est-il aussi constant, aussi fort, aussi
généreux ? Nous avons cependant à servir le
même maître ; il nous a prévenus de grâces,
peut-être aussi grandes et il nous promet, si
nous l'aimons, la même récompense. Reve-

nous donc aux exercices capables d'exciter en nous cet amour.

11. Considérons que cet amour pour Dieu fut, dans notre Bienheureux, le principe de tous ses dévouements pour le prochain. C'est en effet, comme prêtre, comme religieux, comme engagé par un vœu spécial, qu'il se consacre au service des Noirs ; c'est parce qu'il voit en eux Jésus-Christ, pauvre, malade, abandonné, esclave : c'est parce qu'il renouvelle sans cesse sa charité dans la prière. En tête de sa profession solennelle, à laquelle il ajoute le vœu de servir toute sa vie ces infortunés, et qu'il signe ainsi : *Pierre Claver pour toujours esclave des Nègres*, il avait écrit ce mot qui nous révèle son cœur : *Amour !*

Ainsi le véritable amour pour le prochain est inspiré dans le chrétien par l'amour de Dieu. Tant qu'il est animé d'autres motifs, il est faible, impuissant, stérile. « La vaine et « trompeuse philosophie de notre temps, nous « dit Pie IX, cette ennemie de la croix du « Christ, ne peut, sans encourir une confusion « certaine, entrer en parallèle avec les héros

« de la charité chrétienne, ni oser se vanter
« de produire des œuvres pareilles et une
« pareille bienfaisance. »

Confondons-nous à la vue de notre égoisme, de notre froideur, et de la stérilité de nos œuvres. Prions, supplions le Dieu de toute bonté de rallumer en nous le feu de sa charité, afin que, selon sa loi, nous l'aimions de tout notre esprit, de tout notre cœur, de toutes nos forces et le prochain comme nous-mêmes. Réclamons, pour obtenir cette grâce, l'intercession de notre Bienheureux.

Réciter le Pater, *l'Ave et l'Oraison du Saint,* page 34.

2ᵉ JOUR.

LE B. CLAVER, MODÈLE D'AMOUR POUR LE PROCHAIN.

L'amour pour le prochain produit les œuvres de miséricorde corporelle et spirituelle. Claver a excellé dans les unes et dans les autres.

I. Douze mille Nègres, tous esclaves, tous payens, la plupart malades, quelques-uns couverts de lèpre ou de plaies cancéreuses, qui se succèdent chaque année dans le port de Carthagène, voilà le champ ouvert à sa charité et qu'il cultive quarante ans avec un zèle qui grandit toujours. Il les attend au débarquement avec plus d'impatience que les maîtres auxquels ils sont vendus. Il les reçoit en leur fournissant des vêtements, de la nourriture, des remèdes, des cordiaux, et quelques-unes de ces douceurs que les malades préfèrent aux aliments; il les accompagne jusque dans leurs réduits et les recommande à leurs gardiens; il est leur consolateur, leur nourricier, leur infirmier, leur père, leur mère ; sa chambre est un vestiaire et une pharmacie à leur usage ; son manteau lui sert à les couvrir, à les coucher, à les porter en terre; avec son mouchoir il essuie leur sueur et le virus qui sort de leurs ulcères; afin d'exciter leur appétit, il mange avec eux et dans le même plat. On dit même que plusieurs fois, par charité plus encore que par mortification, il a pressé de ses lèvres leurs plaies dégoûtantes. Ajoutez à ces œuvres journalières les soins qu'il donne aux malades, aux prisonniers, aux condamnés à mort, aux pestiférés, pendant que l'épidémie ravageait Carthagène, en 1650.... Et comparez à cette charité héroïque, votre peu de courage, de constance, de générosité dans l'exercice des œuvres de miséricorde. En vérité, jusqu'à ce jour vous n'avez pas vu un frère dans le pauvre, dans le malade. Vous n'avez pas encore compris ces paroles du Sauveur : « J'ai eu faim, j'ai eu soif, j'ai été sans vêtements, j'ai été emprisonné. Tout ce que vous avez fait au plus petit de tous les hommes, c'est à moi que vous l'avez fait » (1).

II. Autant le ciel est élevé au-dessus de la terre et les biens de l'éternité préférables à ceux du temps, autant les œuvres de miséricorde spirituelle sont supérieures à toutes les autres. Aussi Claver ne se fait tout à tous, que pour gagner toutes les âmes à Jésus-Christ. Après avoir conquis l'affection de ses Nègres, il s'applique à les instruire, il se sert dans ce but d'interprètes formés avec soin et de ta-

(1) Matth. xxv. 40.

bleaux propres à frapper leur imagination , il les reprend de leurs vices avec douceur, il les prépare au baptême, il en régénère lui-même trois cent mille dans le sang de Jésus-Christ; ensuite il les dispose à la réception de l'Eucharistie; à certains jours il les convoque, parcourant la ville la clochette à la main ; il les réunit dans l'église pour les exhorter et entendre leurs confessions. Sont-ils malades ? il va les consoler dans leurs pauvres réduits; moribonds ? il les assiste, il les encourage jusqu'au moment de leur délivrance. Mais son zèle n'oublie ni les habitants de Carthagène, qu'il travaille à rendre des chrétiens modèles; ni les musulmans, dont il convertit un grand nombre; ni les protestants , dont il ramène plusieurs à l'unité. Pour récompense, on assure que trois fois le Dieu qui ressuscita Lazare a rendu la vie à des pécheurs morts sans absolution ni baptême, afin qu'il pût reconquérir ces âmes que l'enfer croyait lui avoir ravies.

Et nous , que faisons-nous?... Pour notre salut d'abord, ensuite, pour celui de nos enfants, de nos domestiques, de tous ceux qui sont sous notre dépendance? Que faisons-nous enfin pour tant de milliers de pécheurs qui périssent sous nos yeux, et qu'avec un peu de zèle nous pourrions secourir ? Tant d'hérétiques, tant de schismatiques, tant d'infidèles, tant de ces Noirs, dont Claver fut l'apôtre, abordent dans notre port, visitent notre ville, y séjournent, y tombent malades, y meurent. Peut-être ils y auront rencontré bien des invitations au plaisir, bien des provocations au péché, et pas une excitation au repentir de leurs fautes, à la connaissance et à l'amour du vrai Dieu ?

Pater, Ave, *l'Oraison du Bienheureux, p.* 34.

3ᵉ JOUR.

LE B. CLAVER MODÈLE DE MORTIFICATION.

« Autant notre Bienheureux était doux et
» affable envers les autres hommes, les sim ·
» ples surtout, autant il était dur et sévère en
» vers lui-même, ajoutant à tant de veilles et
» de travaux, des mortifications continuelles,
» en homme accoutumé dès l'enfance à ré
» duire son corps en servitude par le genre

» de vie le plus austère. » Ce sont ces paroles de Pie IX, qui vont faire le sujet de notre méditation.

I. Claver ne chercha pas à se dédommager, par un genre de vie confortable et commode, des peines tous les jours renaissantes que lui donnait son apostolat. La nature aime ces compensations, la grâce les repousse. Il savait que le lis de la virginité ne conserve tout son éclat qu'au milieu des épines. Sa régularité fut telle que pendant cinquante-deux ans qu'il passa dans la Compagnie, nul ne le vit transgresser la moindre des règles. La chambre la plus pauvre du collége était la sienne ; son lit n'était qu'une mauvaise paillasse, sur laquelle il étendait une vieille couverture ; son sommeil était court et léger, car il ne quittait pas pour le prendre le cilice qu'il portait, même en chaire, même en voyage ; chaque jour il flagellait son corps, et la nourriture qu'il lui accordait n'excédait pas à chaque repas la quantité qu'on donne pour collation à ceux qui jeûnent ; s'il avait soin de chasser les taons et les mousquites qui tourmentaient ses malades, il ne pre-

ait pas souci de se préserver lui-même de
eurs morsures. Jamais on ne le vit se donner
n moment de relâche ou de repos, ni accorder
à ses sens, à ses goûts la moindre satisfaction ;
au contraire, il semblait chercher de préfé-
ence tout ce qui pouvait le faire ressembler
davantage à Jésus crucifié.

II. Le grand obstacle qui s'oppose en nous
à la pratique de la charité envers Dieu et envers le prochain, c'est un amour déréglé de
nous-mêmes. Cet amour nous fait rechercher
e plaisir de préférence à tout. Il nous conseille
donc d'abandonner les exercices qui nourris-
sent la piété chrétienne, la prière, la méditation, les sacrements ; il nous fait négliger les
précautions qui conserveraient à notre pureté
tout son éclat ; il nous fait transgresser les lois
de Dieu ou de l'Eglise, dès qu'elles nous appa-
raissent gênantes ; vis-à-vis du prochain, il
nous rend égoïstes, jaloux, vindicatifs. Nous
voulons que tout le monde soit rempli d'estime,
d'affection et d'égards pour nous, et nous ne
voulons nous-mêmes nous gêner, nous priver,
nous dépouiller pour personne. Il faut donc

travailler à détruire en nous le vieil homme, si nous voulons y voir naître et grandir l'homme nouveau. Il faut éteindre les flammes de la concupiscence, si nous voulons être embrasés du feu de la charité. Rougissons de notre faiblesse. Que le souvenir de ces malheureux esclaves, que notre apôtre trouva si dociles à sa parole et si reconnaissants pour ses soins, nous fasse craindre l'abus que nous pourrions faire de la fortune, de la liberté, du bien-être. Mais surtout que la pensée des glorieux triomphes que notre Bienheureux a remportés sur le monde, la chair et l'enfer, nous encourage à surmonter nos passions avec plus de générosité. Nous sommes soldats de l'Eglise militante, mais surtout pour nous combattre et nous vaincre nous-même. Il est écrit : « Le royaume des cieux souffre violence, et ceux qui savent user contre eux de rigueur l'emportent d'assaut. » (1)

Pater, Ave, *l'Oraison du Bienheureux*, *p.* 34.

(1) Matth. XI. 12.

PRATIQUE

A RECUEILLIR

DE CE TRIDUUM DE MÉDITATIONS

ET DE PRIÈRES.

Saint Jean Chrysostôme, qui a fourni à l'office de notre Bienheureux les leçons du troisième nocturne, nous indique le fruit à recueillir de sa fête, dans ces belles paroles :

« Imitez ce Samaritain qui montra pour le pauvre blessé dont parle l'Evangile, une si vive sollicitude. Le lévite, le pharisien avaient passé près de ce malheureux, gisant sur la terre. L'un et l'autre, sans s'approcher de lui, l'abandonnant à son malheur, avaient continué leur route. C'était dureté d'âme, cruauté même de leur part. Mais le Samaritain, qu'aucun lien n'attachait à son service, n'imite pas leur indifférence. Il va au devant du malade, il en a pitié, il répand de l'huile et du vin dans ses plaies, il le place sur sa monture, le conduit à l'hôtellerie, paye sa dépense et promet d'ac-

quitter encore tous les frais qu'entraînera la
guérison de cet étranger. Si cet homme de Sa-
marie s'est montré si humain, si bon envers
un inconnu, serons-nous excusables, nous, si
nous abandonnons nos propres frères à des
maux encore plus graves? Gardons-nous donc
de faire comme si nous ne les voyions pas, ne
passons pas fermant nos cœurs à la compassion; si d'autres en agissent ainsi, prenons-
garde de les imiter. Le Samaritain ne disait
pas : « Où sont donc maintenant les lévites,
les pharisiens, les docteurs juifs? » Mais comme
s'il venait de faire une excellente capture, il
s'applique à y chercher son profit. Vous de
même, quand vous voyez quelqu'un en proie à
la misère spirituelle ou corporelle, ne dites pas
dans votre cœur : Pourquoi tel et tel ne l'ont-
ils pas soulagé? Mais prenez-en soin vous-
même sans demander compte aux autres de
leur négligence. Je suppose que vous trouviez
de l'or sur votre route; au lieu de vous en sai-
sir en devançant tous les autres, vous arrête-
rez-vous à dire : Mais pourquoi tels ou tels
ne l'ont-ils pas ramassé? C'est précisément

ce que vous devez faire quand vous rencontrez un de vos frères tombé dans quelque faute. Lui donner des soins, c'est un trésor pour vous. Oui, en vérité, si vous répandez dans son cœur l'huile d'une parole instructive, si vous le captivez par votre douceur, si vous le guérissez par votre patience, cette cure vous enrichira plus que tous les trésors du monde. « Il parle comme ma bouche elle-même, dit le Seigneur, celui qui fait sortir de la boue des métaux précieux. » Ce que ni le jeûne, ni le coucher sur la dure, ni les veilles, ni d'autres semblables austérités ne sauraient produire, voilà ce qu'opère le soin donné à l'âme de votre frère. »

LITANIES

En l'honneur du bienheureux Pierre Claver.

Kyrie eleison.

Christe eleison.

Kyrie eleison.

Christe, audi nos.

Christe, exaudi nos.

Pater de Cœlis Deus.　　　Miserere nobis.

Fili, redemptor mundi, Deus,　　　mis.

Spiritus sancte, Deus,　　　mis.

Sancta Trinitas, unus Deus,　　　mis.

Sancta Maria, Regina sine labe concepta, ora pro nobis.

Beate Petre,

Beate Petre, crucis Christi amantissime,

Beate Petre, beate Virginis Mariæ cliens devotissime,

Sanctorum Angelorum et Petri Apostoli cultor specialis,

Patris Ignatii fili dignissime,

Xaverii imago fidelissima,

Ora pro nobis.

Per B. Alphonsum à Deo ad missionum labo-
    res vocate,
Instrumentum propagandæ divinæ gloriæ,
Præco evangelicæ veritatis indefesse,
Salutis animarum zelo exæstuans,
Ovium errantium indagator,
In fide instituendis Nigritis omnino dedite,
Hæreticorum et pravorum terror,
Vitiorum ac libidinis exterminator,
Miserorum omnium refugium,
Carthaginis novæ apostole,
Mancipiorum per quadraginta fere annos
    servitio devincte,
Pauperum Pater,
Qui omnibus omnia factus es,
Qui minimorum et pauperum capellanus
    dicebaris,
Qui Crucis mortificationem jugiter in cor-
    pore portasti,
Contumeliarum et passionum pro Christo
    percupide,
Abnegationis et patientiæ prodigium,
Puritate mentis et corporis Angele,
Austeritate vitæ martyr,

Ora pro nobis.

Prophetiæ dono illustrate,

Americanæ Ecclesiæ Thaumaturge,

Societatis Jesu novum ornamentum,

Hispaniarum coruscum sidus,

Opem tuam implorantium cœleste præsi-
dium.

Agnus Dei, qui tollis peccata muudi, parce
nobis, Domine.

Agnus Dei, qui tollis peccata mundi,
exaudi nos, Domine.

Agnus Dei, qui tollis peccata mundi, miserere nobis.

Christe, audi nos.

Christe, exaudi nos.

Pater noster, etc.

℣. Ora pro nobis B. Petre,

℟. Ut digni efficiamur promissionibus Christi.

ORÉMUS.

Deus, qui, ut miserabilia mancipia ad agni-
tionem tui nominis venirent, beatum Petrum,
confessorem tuum, mira in eis juvandis sui ab-
negatione et eximia charitate roborasti ; ejus
nobis intercessione concede, ut, non quæ nos-

tra sunt, sed quæ Jesu Christi quærentes, pro-
ximos opere et veritate diligere valeamus. Per
eumdem Christum Dominum nostrum. Amen.

LES MÊMES EN FRANÇAIS.

Seigneur, ayez pitié de nous.

Jésus-Christ, ayez pitié de nous.

Seigneur, ayez pitié de nous.

Jésus-Christ, écoutez-nous.

Jésus-Christ, exaucez-nous.

Père Céleste, qui êtes Dieu,. ayez pitié de nous.

Fils, Rédempteur du monde, qui êtes Dieu, ayez.

Esprit Saint, qui êtes Dieu,   ayez.

Trinité Sainte, qui êtes un seul Dieu,   ayez.

Sainte Marie, reine conçue sans péché,
    Priez pour nous,

Bienheureux Pierre,

Bienheureux Pierre, qui aimiez tant la croix
    de N. S. J. C.

B. Pierre, qui étiez un client très-dévoué
    de la sainte Vierge Marie,

Vous, qui professiez une dévotion spéciale
    envers les SS. Anges gardiens et l'apôtre
    Saint Pierre,

Très-digne Fils de votre Père St Ignace,

Image très-fidèle de St François Xavier,

Vous, que Dieu appela aux travaux des missions par l'intermédiaire du B. Alphonse,

Vous, qui êtes l'instrument dont Dieu se servit pour propager sa gloire,

Prédicateur infatigable des vérités évangéliques,

Vous, qui étiez embrasé du zèle du salut des âmes,

Vous, qui rameniez les brebis égarées,

Vous, qui faisiez votre principale occupation d'enseigner la foi aux Nègres,

Vous, qui étiez la terreur des hérétiques et des mauvais chrétiens,

Vous, qui exterminiez le vice et la débauche,

Vous, qui étiez le refuge de tous les malheureux,

Apôtre de Carthagène,

Vous, qui pendant près de quarante années êtes resté attaché au service des esclaves,

Vous, qui étiez le père des pauvres,

Vous, qui vous êtes fait tout à tous,

Vous, qui étiez appelé le chapelain des petits et des pauvres,

Vous, qui portiez sur votre corps la mortification de la croix,

Vous, qui étiez si avide d'outrages et de souf-
frances pour le nom de J.-C.,

Prodige d'abnégation et de patience,

Ange par la pureté de votre âme et de votre
corps,

Martyr par l'austérité de votre vie,

Illustré par le don de Prophétie,

Thaumaturge de l'Eglise d'Amérique,

Nouvel ornement de la Compagnie de Jésus,

Astre brillant de l'Espagne,

Vous, qui êtes dans les Cieux un puissant
secours pour ceux qui vous implorent,

Agneau de Dieu, qui effacez les péchés du
monde, pardonnez-nous, Seigneur,

Agneau de Dieu, qui effacez les péchés du
monde, exaucez-nous, Seigneur,

Agneau de Dieu, qui effacez les péchés du
monde, ayez pitié de nous.

Jésus-Christ, écoutez-nous.

Jésus-Christ, exaucez-nous.

Notre Père, etc.

℣. Priez pour nous, Bienheureux Pierre,

℞. Afin que nous devenions dignes des promesses de J.-C.

ORAISON DU BIENHEUREUX.

O Dieu, qui, pour faire arriver à la connaissance de votre nom de pauvres esclaves, avez fortifié le cœur du bienheureux Pierre, votre confesseur, le remplissant, au milieu des soins qu'il leur donnait, d'une admirable abnégation et de la plus parfaite charité, faites, par son intercession, que ne cherchant pas nos intérêts, mais ceux de Jésus-Christ, nous sachions aimer notre prochain d'un amour véritable et efficace, par le même Seigneur, etc.

CANTIQUE

EN L'HONNEUR DU B. PIERRE CLAVER.

Des *Bienheureux*, l'auréole immortelle
De l'*Apôtre des Noirs* a couronné le front :
Claver triomphe, et la ville éternelle,
Du couchant à l'aurore a publié son nom.

CHŒUR.

Retentissez, hymnes de gloire,
Résonnez de la terre aux cieux,
De Claver, chantez la victoire,
Chantez ; il entend nos vœux.

A Jésus-Christ, sous les drapeaux d'Ignace,
Jeune, mais toujours pur, il engagea sa foi :
Sur l'Océan, suivez bientôt sa trace,
A Carthagène il va servir son divin Roi.

    Chœur...

L'entendez-vous : *Moi, du Nègre et du Maure,*
Moi, Claver, je serai l'esclave pour toujours ?
Et quarante ans, l'amour qui le dévore
Consacre à les servir et ses nuits et ses jours.

    Chœur...

Infortunés, de votre servitude
Dans les bras de Claver oubliez les tourments ;
Vous consoler fait son unique étude ;
Vous êtes ses amis, ses frères, ses enfants.

    Chœur...

A ses accents, l'amour du bien suprême
Pénètre dans ces cœurs en proie à tous les maux ;
Et de sa main, avec l'eau du baptême,
Le salut se répand sur ces hommes nouveaux.

    Chœur...

O foi divine, à ta seule lumière,
Dans l'esclave avili, de Dieu je vois les traits ;
En son malheur, toi seule fus sa mère ;
Faire tomber ses fers fut un de tes bienfaits.

    Chœur...

Oui, de Claver invincible est le zèle ;
De son âme de feu tous ressentent l'ardeur,

Captif, infirme, indigent, infidèle :
Il est de la cité l'apôtre et le sauveur.

Chœur . . .

Vierge Marie, ô douce et tendre Mère !
L'ami de Rodriguez fut l'enfant de ton cœur ;
Le même jour qui te donne à la terre
A vu naître Claver au céleste bonheur (1).

Chœur . . .

De ses vertus que les brillants vestiges
Éclairent nos esprits et fécondent nos cœurs !
Sur son cercueil éclatant de prodiges
Semons à pleines mains les lauriers et les fleurs.

Chœur . . .

Saint protecteur, sois propice aux prières
Du peuple suppliant qui vers toi tend les mains ;
Enfant d'Ignace, implore pour tes frères
Le double esprit qui fait les apôtres, les saints.

CHŒUR.

Retentissez, hymnes de gloire,
Résonnez de la terre aux cieux,
De Claver, chantez la victoire,
Chantez ; il entend nos vœux.

A. M. D. G.

Vu et approuvé

à *Vannes*, le 28 *juin* 1852,

† CHARLES, Evêque de Vannes.

(1) Le B· Claver mourut le 8 septembre.

Le Triduum solennel en l'honneur du B. Pierre Claver, à l'occasion de sa Béatification, aura lieu dans la Chapelle dite des Ursulines, les 8, 9 et 10 de ce mois de Juillet.

Le Jeudi 8, à dix heures du matin, Messe célébrée par M. Baron, Vicaire général.

Le soir, à six heures et demie, Exercice du Triduum, suivi de la bénédiction du Saint-Sacrement.

Le Vendredi 9, à dix heures du matin, Messe célébrée par M. Mauguen, Vicaire général.

Le soir, comme le jour précédent.

Le Samedi 10, à dix heures du matin, Messe célébrée par M. Le Joubioux, Secrétaire de l'Évêché e Chanoine titulaire.

Le soir, comme le 8.

Le Dimanche 11, à dix heures du matin, Mess solennelle, célébrée par M. le Recteur de St-Patern Panégyrique du B. Pierre Claver.

A deux heures, Vêpres suivies de la Bénédiction d Saint-Sacrement.

Indulgence plénière pendant le Triduum.

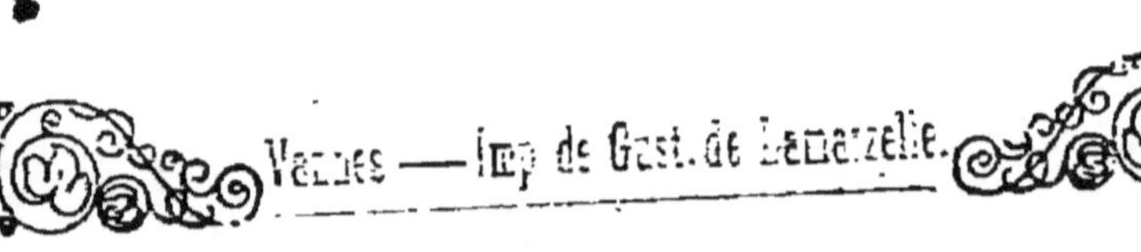

Vannes — Imp de Gust. de Lamarzelle.

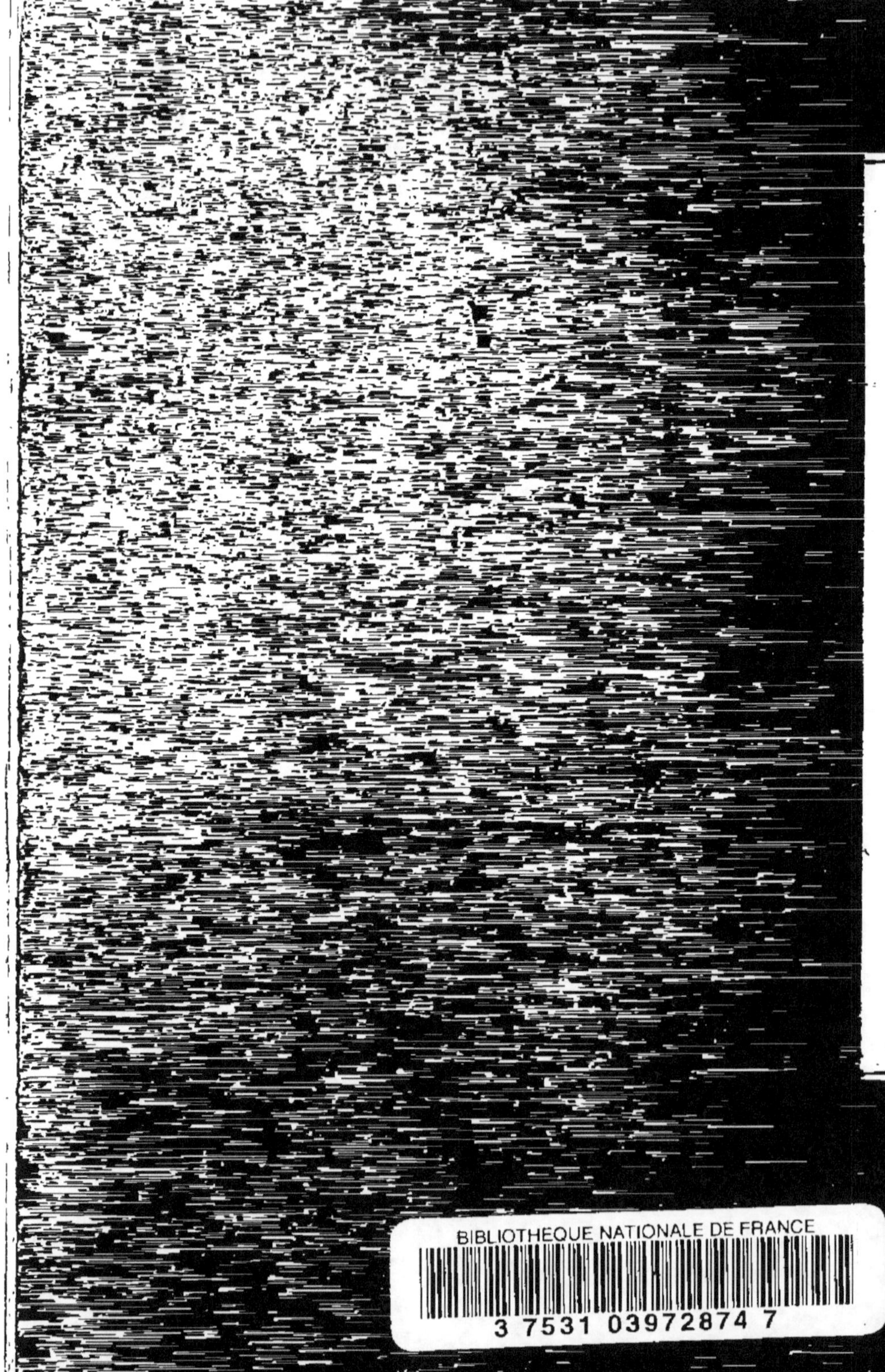

BIBLIOTHEQUE NATIONALE DE FRANCE
3 7531 03972874 7